Pauvre Verdurette

ISBN 978-2-211-01672-8
Première édition dans la collection *lutin poche* : janvier 1994

Loi numéro 49 956 du 16 juillet 1949 sur les publications
destinées à la jeunesse : mars 1993
Dépôt légal : mars 2014
Imprimé en France par Pollina à Luçon - L67879

CLAUDE BOUJON

Pauvre Verdurette

lutin poche de l'école des loisirs
11, rue de Sèvres, Paris 6e

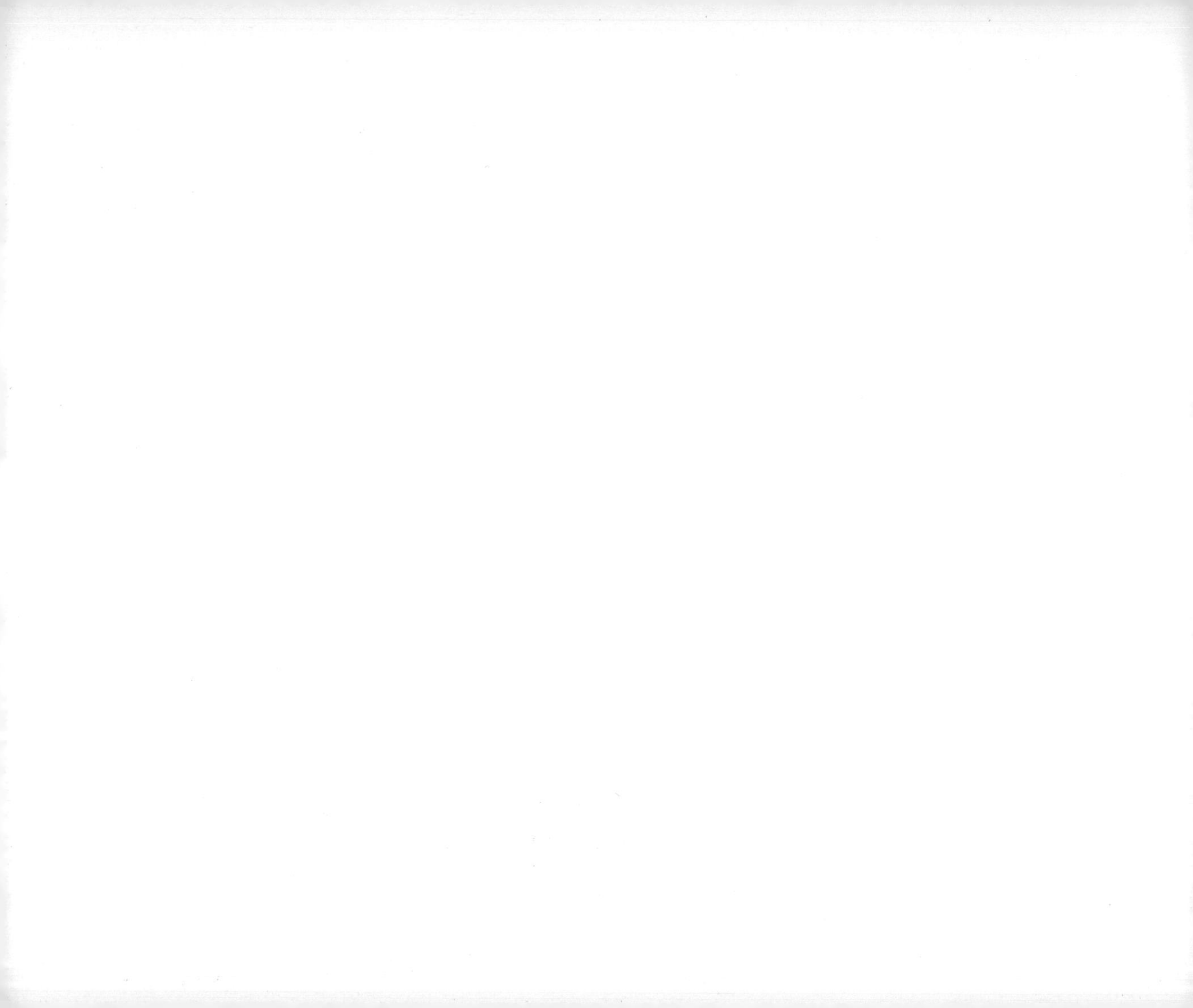

Dans une mare, au bout d'un pré, une colonie de grenouilles menait une vie tranquille.

Elles ne gênaient personne. À toute heure du jour
ou de la nuit, duos, quatuors, chorales pouvaient chanter à tue-tête
sans nuisance pour autrui.

Personne ne les dérangeait. Seule une vache venait s'abreuver à la mare dans l'indifférence complète. Les grenouilles ne s'intéressaient plus aux bovidés depuis longtemps.

Elles connaissaient toutes
par cœur l'histoire racontée cent fois
de cette arrière, arrière,
arrière-grand-mère qui voulut
se faire aussi grosse que le bœuf
et qui finit si mal.

Elles formaient une grande famille unie.
Il y avait Georgette, Pierrette, Cousette, Bébette, Rosette,
Claudinette et bien d'autres nénettes.

Et puis, il y avait Verdurette. Depuis peu, elle faisait bande à part. Elle avait prêté l'oreille à des bruits, des rumeurs qui couraient sur les bords de la mare.

On racontait qu'une de leurs cousines,
dans un marais du nord,
s'était transformée en princesse
grâce à un baiser donné
par un prince charmant.

« Pourquoi cela ne m'arriverait-il pas ? » s'était dit Verdurette. Elle n'avait pas la moindre idée de ce qu'était et à quoi ressemblait un prince. Mais elle attendait sa venue.

Le temps passait, rien ne venait. Verdurette décida de partir à la recherche du prince charmant. Elle quitta la mare, certaine d'aller au-devant du bonheur.

Sa première rencontre fut un lapin.
« Coa, coa-a coa coa », lui dit-elle en le regardant dans le blanc des yeux.
Ce qui, en langage grenouille, signifie « Embrasse-moi ».

Le pauvre lapin, qui ne comprenait rien, s'abstint évidemment du moindre petit câlin. « Rien à voir avec un prince charmant », se dit Verdurette en reprenant son chemin.

Sa deuxième rencontre fut une cabine téléphonique.
« Donne-moi un baiser », lui dit Verdurette dans son langage grenouille.
Bien entendu, sa demande resta sans réplique.
« Ceci n'est pas un prince », se dit Verdurette en se remettant en route.

Sa troisième rencontre fut un vieil arrosoir.
Naturellement, l'ustensile ne répondit pas à son espoir.
Elle alla voir plus loin.

Plus loin, elle fit sa demande à un marteau-piqueur laissé là pour une pause. Nous savons qu'un tel outil n'est pas du tout un prince charmant. Elle le comprit aussi et alla voir ailleurs.

Ailleurs, c'était un crapaud qui voulut, lui, l'embrasser absolument. Cela ne plut pas à Verdurette, qui refusa obstinément, car ce n'était pas un prince charmant, évidemment.

Sa sixième rencontre fut un tracteur.
Il était grand, il était beau, il sentait bon
le moteur chaud. Mais il resta sourd
comme un pot à ses avances.
Une telle indifférence montrait bien
que ce superbe engin n'était pas
ce qu'elle cherchait.

Ce qu'elle cherchait, elle crut le trouver dans ce point rouge
à l'horizon qui fonçait droit sur elle.

Mais Verdurette eut à peine le temps de s'écarter.
Le bolide manqua l'écraser
et lui envoya dans le nez une bouffée de gaz asphyxiants.

Verdurette éternua, s'étrangla. « C'est un monstre, un dragon cracheur de feu, un donneur de baiser fatal ! » s'écria-t-elle, haletante, en essayant de reprendre ses esprits.

Très dépitée, elle se réfugia derrière une touffe d'herbes hautes.
Après toutes ces déceptions, elle commençait à regretter
sa mare tranquille du bout du pré.

Tout à coup, elle s'agita. Son petit cœur battait, battait.
Quelque chose lui disait qu'elle était au bout de sa peine.
Un homme se dirigeait vers elle.

Pleine d'espoir, Verdurette sautilla à sa rencontre. Elle se trouva rapidement à ses pieds et fit sa demande :
« Coa coa-a coa coa, embrasse-moi », cria-t-elle.

L'homme baissa la tête, vit l'animal, se courba, le prit dans ses mains.
« Oh, la jolie petite grenouille ! » dit-il.
« Il va le faire, il va le faire », pensait Verdurette.

L'homme en riant la prit par la patte, la mit dans son chapeau
et l'emporta dans sa maison.

Il la plaça dans un bocal avec une petite échelle. Pauvre Verdurette ! Elle était condamnée à annoncer la pluie et le beau temps en grimpant à l'échelle. Heureusement, l'histoire ne s'arrête pas là.

Un soir, Verdurette s'échappa, ploc, de sa prison de verre.
Elle sauta de la table, ploc, rejoignit sa mare, ploc, ploc, ploc,
et confia à ses compagnes :

« On n’embrasse plus
les grenouilles,
de nos jours. »